Magdalena Malinowski

A Nightmare on Elm Street

Phantastik und Horror

Magdalena Malinowski

A Nightmare on Elm Street

Phantastik und Horror

GRIN Verlag

Bibliografische Information der Deutschen Nationalbibliothek: Die Deutsche Bibliothek
verzeichnet diese Publikation in der Deutschen Nationalbibliografie; detaillierte bibliografische Daten sind im Internet über http://dnb.d-nb.de/ abrufbar.

1. Auflage 2011
Copyright © 2011 GRIN Verlag GmbH
http://www.grin.com
Druck und Bindung: Books on Demand GmbH, Norderstedt Germany
ISBN 978-3-656-09646-7

Sommersemester 2010
Universität Paderborn
Hauptseminar: Traum und Literatur

A Nightmare on Elm Street

Inhaltsverzeichnis

1. Einleitung

Das Ziel dieser Arbeit ist die Untersuchung des Film „Wes Craven's New Nightmare" aus der Reihe "A Nightmare on Elm Street". Hierbei soll sowohl auf die Entstehung der Idee zum ersten Werk und seine Umsetzung, als auch auf seinen Abschluss durch "Wes Craven's New Nightmare" eingegangen werden. Interessant hierbei ist die Betrachtung, ob es sich hier um phantastische Film handelt. Zunächst muss aber geklärt werden, was genau unter einem phantastischen Film zu verstehen ist, welchen Elementen er sich bedient und inwiefern das Horrorgenre, dem diese Filme zugeordnet werden, der Phantastik entspricht.

Zunächst soll der Begriff der Phantastik geklärt werden. Die Theorien der phantastischen Literatur werden betrachtet, da sie zeitlich weit vor dem Filmgenre existierten und somit auch Grundlage für die Definitionen zum phantastischen Film sind. Daraufhin wird das Horrorgenre diskutiert. Im Anschluss folgen Zusammenfassungen von "A Nightmare on Elm Street" und "Wes Craven's New Nightmare". Letzter wird auf die zu Grunde gelegten Definitionen hin ausgewertet.

2. Phantastik

Die Phantastik wird unterschiedlich definiert und eingegrenzt, dementsprechend welche Theorie und welches Medium betrachtet werden. Zunächst sollen sowohl die anerkanntesten Theorien der phantastischen Literatur als auch des phantastischen Films betrachtet werden, um ihre Unterschiede und Gemeinsamkeiten hervorzuheben.

2.1. Phantastische Literatur

Es gibt bis heute keine allgemein gültige Definition des Genres der Phantastik.

Die Unterscheidung liegt grundsätzlich zwischen zwei Ansätzen, dem maximalistischen unter dessen Vertretern sich Caillois und Vax befinden und dem minimalistischen Ansatz nach Todorov, welcher vergleichsweise nur eine Minderheit an Anhängern findet.[1]

2.1.1. Maximalistischer Ansatz

Die Idee des maximalistischen Ansatzes ist dadurch geprägt, dass ein „Riß in dem universellen Zusammenhang"[2] des Rezipienten entsteht. Dieser wird dadurch ausgelöst, dass in der wirklichen Welt, die von Ordnung geprägt ist, etwas Übernatürliches, etwas

---

[1] Vgl. Durst, Uwe: Theorie der phantastischen Literatur. 2. Aufl. Berlin: Lit Verlag 2007. S. 28.

[2] Caillois, Roger: Das Bild des Phantastischen. Vom Märchen bis zur Science Fiction. In: Phaicon 1. Almanach der phantastischen Literatur. Hrsg. v. Reinhold Zondergeld. Frankfurt am Main: Suhrkamp 1974. S. 45.

Unheimliches, eintritt, dass den Leser an den Naturgesetzen seiner Welt zweifeln lässt und ihm Angst einflößt. In der Phantastik wird eine „neue Verwirrung, eine unbekannte Panik"[3] hervorgerufen. Es handelt sich um eine „Verstörung der Vernunft"[4], denn der Leser kann die Geschehnisse nicht rational erklären. Somit sind Angst und Schrecken notwenige Kriterien für die Phantastik, die durch „uneingestandene Gelüste" des Lesers ausgelöst werden.[5] Hierfür ist notwendig, dass die Welt, in der die Ereignisse geschehen, der realen Welt gleicht, denn nur wenn eine gewisse Ordnung durch wissenschaftliche Erkenntnisse vorherrscht, kann ein solcher Effekt erzielt werden.[6] In diesem Aspekt liegt ein Unterschied zu Märchen, das sowohl von Caillois als auch von Vax vom Phantastischen abgegrenzt wird. Märchen finden von Anfang an in einer wunderbaren Welt statt, in der Wesen wie „Könige, die böse Schwiegermutter oder der hübsche Prinz"[7] ihr zu Hause haben. Es ist eine Welt, die neben der realen existiert und sich mit ihr nicht überschneidet. Dementsprechend kann hier das Übernatürliche nicht einbrechen. Die Phantastik benötigt hingegen einen Konflikt zwischen der realen und der wunderbaren Welt, um dem Rezipient Angst einzuflößen.[8]

Abgesehen von den Märchen grenzt sich das Genre weiterhin von der Gattung der Science Fiction ab. Hier liegt wieder der Unterschied in der vom Autor geschaffenen Welt. Die Science Fiction charakterisiert sich über Zukunftsvisionen wie zum Beispiel die Erkundung des Weltraums. Es werden von vornherein Variablen der heutigen Welt abgewandelt um so eine Utopie zu schaffen, die zwar imaginär allerdings durch die veränderten Bedingungen rational erklärbar ist. Dieses Genre spielt mit der Angst vor dem Fortschritt durch die Wissenschaft und der Möglichkeit, dass die Menschheit durch diese Errungenschaften ausgelöscht werden kann, wohingegen beispielsweise Geister, die unter anderem ein Motiv der Phantastik sind, nicht rational erklärbar sind.[9]

2.1.2. Minimalistischer Ansatz

Die minimalistische Definition grenzt den Begriff des Phantastischen genauer ein. Todorov hat drei Bedingungen entwickelt, wobei die erste und die letzte für die Zuordnung zur phantastischen Literatur notwendig sind. Das erste Kriterium ist die „Unschlüssigkeit" des

---

[3] Ebd. S. 45 f.
[4] Vax, Louis: Die Phantastik. In: Phaicon 1. Almanach der phantastischen Literatur. Hrsg. v. Reinhold Zondergeld. Frankfurt am Main: Suhrkamp 1974. S. 37.
[5] Vax 1974 S. 18.
[6] Vgl. Caillois 1974 S. 63.
[7] Vax. 1974 S. 11
[8] Vgl. Ebd. S. 12.
[9] Vgl. Caillois 1974 S. 70 f.

implizierten Lesers.[10] Die Geschichte findet in einer realen Welt statt, in der etwas geschieht, das nicht auf Anhieb rational erklärbar ist und dem Leser so die Möglichkeit gibt, zwischen einer übernatürlichen und einer rationalen Erklärung zu wählen. Es entsteht eine Ambivalenz.[11] „Das Fantastische liegt im Moment dieser Ungewissheit; sobald man sich für die eine oder andere Antwort entscheidet, verläßt man das Fantastische."[12] Die zweite Bedingung für die Phantastik lautet, dass der Rezipient sich mit einem der Protagonisten im Text identifizieren muss. Da es nach Todorov einige wenige Werke gibt, welche dem Genre zugeordnet werden, jedoch diese Voraussetzung nicht erfüllen, gilt sie als nicht notwendig, aber als typisch.[13] Das dritte Kriterium richtet sich an die Haltung des Lesers, die er gegenüber dem Text hat. Sie darf weder „allegorisch" noch „poetisch" sein.[14] Das bedeutet, dass der Rezipient die Ereignisse wörtlich verstehen muss und sie nicht als Metapher oder Belehrung ansehen darf.

Weiterhin ist von Bedeutung, dass Todorov Texte in fünf verschiedene Kategorien einteilt: das unvermischt Unheimliche, das Phantastisch-Unheimliche, die unvermischte Phantastik, das Phantastisch-Wunderbare und das unvermischt Wunderbare. Unvermischt unheimliche Ereignisse erscheinen dem Leser „unglaublich, außergewöhnlich, schockierend, einzigartig, beunruhigend und unerhört"[15], lassen sich jedoch von vornherein rational erklären. Im Phantastisch-Unheimlichen finden die übernatürlichen Geschehnisse am Ende des Werks eine rationale Erklärung, wobei der Rezipient bis kurz vor der Aufklärung von einer übernatürlichen Lösung überzeugt ist.[16] Bei phantastisch-wunderbaren Erzählungen scheint es sich zunächst um einen phantastischen Text zu handeln, der aber die Lösung im Übernatürlichen findet [17] und das Unvermischt- Wunderbare zeichnet sich dadurch aus, dass das übernatürliche Ereignis keine besondere Reaktion beim Leser erzeugt. Beispielsweise handelt es sich hier um das Genre der Märchen, die von vornherein in einer Welt stattfinden, in der das Übernatürliche seinen Platz hat.[18]

---

[10] Todorov, Tzvetan : Einführung in die fantastische Literatur . - München : Hanser , 1972. S. 31 ff.
[11] Ebd. S. 33.
[12] Ebd. S. 25.
[13] Vgl. Ebd. S. 33.
[14] Vgl. Ebd. S. 33.
[15] Ebd. S. 44 f.
[16] Vgl. Ebd. S. 44.
[17] Vgl. Ebd. S. 49.
[18] Vgl. Ebd. S. 51.

2.2. Phantastischer Film

Der phantastische Film ist genau so schwer zu definieren, wie die phantastische Literatur. Allerdings gibt es hier Gemeinsamkeiten und Unterschiede zwischen Text und Leinwand. Zum einen kann der phantastische Film den Ansprüchen der minimalistischen Definition nach Todorov nicht gerecht werden. Alle Theorien bezüglich dieser Gattung orientieren sich am maximalistischen Ansatz. Zum anderen fasst die Medienwissenschaft zusammen, was die Literaturwissenschaft trennt. So wird sowohl nach Todorov als auch nach Caillois und Vax die Phantastik vom Science Fiction und der Fantasy abgegrenzt, auf den Film bezogen sind in allen gängigen Definitionen Science Fiction, Fantasy und der Horrorfilm Subgenres des phantastischen Films.[19] Hättich definiert die Phantastik wie folgt:

„Eine wesentliche Funktion der Phantastik besteht darin, Dinge aufzudecken, an das Tageslicht zu bringen. Unsere verborgenen Ängste, Feindseligkeiten, Rachegelüste, Sehnsüchte, Begierden, Bemühungen nach Gerechtigkeit, Bedürfnisse erfahren ihren Ausdruck in metaphorischen Gestalten. [Sie ist ein] Mittel, um uns bewusst zu machen, dass es hinter einer scheinbar glatten Oberfläche unserer Realität Risse, Brüche und Lücken gibt, die manchmal unvermittelt nach vorne oder nach außen drängen oder im Unterbewussten unser Verhalten sowie unsere Gedanken und Gefühle beeinflussen."[20]

Dies ist im Vergleich zu den Definitionen von Todorov und auch Caillois sehr allgemein gefasst. Es wird deutlich, warum alle drei Genres unter dem Begriff der Phantastik zusammengefasst werden. Sie beschäftigen sich mit Elementen, die die Ordnung der realen Welt durchbrechen. In der Fantasy wird eine wunderbare Welt geschaffen, die mit der realen nicht übereinstimmt, da sie von vornherein Zauberwesen und andere Gestalten zulässt. Filmisch umgesetzt wird dieser Bereich in Märchenfilmen, die sich beispielsweise an den Werken der Gebrüder Grimm orientieren, Mythen in Figuren aus der Sagenwelt (Zwerge, Elfe, Trolle, usw.) zu finden sind, Disney- Filme, die fast nur als Animationsfilme vorherrschen und in Hybriden, die Motive wie die Hexe aus der Phantastik entnehmen und sie in eine wunderbare Welt setzten. [21] Die Science Fiction hingegen beschäftigt sich mit dem wissenschaftlichen Fortschritt und mit noch unbekannten Welten. Es handelt sich hier nicht, wie beim Fantasygenre um gänzlich andere Welten, sondern um solche, die zwar fiktiv sind,

---

[19] Vgl. Klotz, Alexander: Der Blick aus dem Augenwinkel. Narrative Strukturen der phantastischen Literatur und ihre Umsetzung im Horrorfilm. Passau: Erster deutscher Fantasy Club e.V. 2009. S. 13.
[20] Hättich: Achim: Geheimnisse in dunklen Sphären. Band 4: 222 Phantastik- und Fantasyfilme. Passau: erster deutscher Fantasy Club e.V. 2003. S. 9.
[21] Hättich, Achim: Geheimnisse und dunkle Sphären. Band 2: 333 Phantastik- und Fantasyfilme. : erster deutscher Fantasy Club e.V. 2000. S. 9.

aber mit der realen Welt zu vergleichen sind. Es sind in der Regel Zukunftsvisionen. Im Mittelpunkt steht hier die technische Entwicklung.[22]

Sowohl die Bestimmung der Fantasy als auch der Science Fiction sind mit den Ansätzen zur phantastischen Literatur vergleichbar. Die Abgrenzung von der Phantastik vom unvermischt Wunderbaren (nach Todorov) oder den Märchen (Caillois) ab, entspricht der Unterscheidung der Fantasy zum Horrorfilm. Auch die Science Fiction wird wie in der Literaturwissenschaft durch den Gebrauch von technischen Fortschritts und der Erklärbarkeit der Ereignisse zum Horrorfilm abgegrenzt. Aufgrund dieser Ähnlichkeit kann geschlussfolgert werden, dass das Horrorgenre dem Verständnis von Phantastik, wie es die Literaturwissenschaft definiert, am nächsten kommt.

2.2.1. Geschichte des Horrorfilms

Die Entstehung des Horrorfilms begann mit der Umsetzung phantastischer Literatur in bewegte Bilder. Der erste Film, der hier dieser Literaturgattung entsprang, ist „Frankenstein". Das geschriebene Werk stammt von Marry Shellys (1818), die Verfilmung wurde von Thomas Edison im Jahre 1910 produziert. Es ist fragwürdig, inwieweit der Film heute noch dem Genre zugeordnet werden kann. Da es sich hier um ein Experiment handelt. Da der Mensch das Monster selbst erschaffen hat, hat dies weniger den Anschein des Übernatürlichen. Manche Experten würden ihn heute der Science-Fiction zuordnen.[23]

Eher unumstritten sind die Meinungen zu der Verfilmung des Werks „The Strange Case of Dr. Jekyll and Mr. Hyde" von Robert Louis Stevenson (1886). Die bekannteste stammt aus der Hand von John S. Robertsons mit dem Titel „Dr. Jekyll and Mr. Hyde" (1920). Dieser Film ist dem Horrorgenre zuzuordnen, da er das Motiv des Doppelgängers, welches typisch für die Phantastik und somit auch dem Horror ist.[24] Allerdings handelt es sich hier um einen Vorgänger des Genres, da die Filme ihren Themen nicht gerecht wurden.

Was unter dem Horrorfilm eigentlich verstanden wird, wurde erst in den 30er Jahren mit der Entwicklung des Tonfilms geboren. Innerhalb weniger Jahre „erschienen die meisten der großen Klassiker des Genres, die zugleich Prototypen ihrer jeweiligen Motivgruppen waren."[25] Dazu gehören der Vampir (Dracula 1931), der künstliche Mensch (Frankenstein 1931), die Ich-Spaltung (Dr. Jekyll and Mr. Hyde 1932), die Mumie (The Mummy 1932), der Besessene (The Mystery of the Wax Museum 1932), das unheimliche Haus (The old dark

---

[22] Hättich 2000 S. 10 f.

[23] Vgl. Hofmann, Frank: Moderne Horrorfilme. Rüsselsheim: Verlag Frank Hofmann 1992. S. 18

[24] Klotz 2009 S. 24 ff.

[25] Rororo 1984 S. 295.

House 1932), Zombies (White Zombie 1932), die fehlgeleitete Wissenschaft (The invisible Man 1933), das Ungeheuer (King Kong 1933) und der Werwolf (The Wolf Man 1941). In den Fünfzigern wurden diese Themen wiederbelebt. Teilweise waren diese besser und die Monster detaillierter gearbeitet, da die Vorgänger aufgrund des Copyrights nicht reproduziert werden durften. In dieser Zeit wurde auch festgestellt, dass das Publikum überwiegend aus Jugendlichen bestanden, woraufhin die Horrorgestalten jünger wurden wie beispielsweise in „I was a Teenage Frankenstein" von 1957. Die 60er Jahre waren geprägt durch Verfilmungen von literarischen Werken. Hierzu zählen beispielsweise Edgar Allan Poes „House of Usher" (1960) und „The Mask of the Red Death"(1964) oder "The Birds" von Alfred Hitchcock (1963). Außerdem wurden ab dieser Zeit Parodien auf die bereits gedrehten Filme gemacht. Ab 1970 trat immer mehr Gewalt und Blut in den Horrorfilmen auf, um Ängste und Panik bei den Zuschauern zu wecken wie in „The Exorzist" (1973).[26]

Die Achtziger entstanden zahlreiche Zombiefilme und die 90er Jahre sind besonders für ihre „Slasher"-Filme wie „Scream" bekannt. Heutzutage werden Filme wie „Saw" und „Hostel" zu den Horrorfilmen gezählt.[27]

2.2.2. Horrorgenre

Nach Betrachtung dieser Entwicklung im letzten Jahrhundert, stellt sich nun die Frage, was genau unter Horror verstanden wird. Zählen Filme wie „Hostel" und „Saw" tatsächlich noch zum dazu, oder stellen gehören sie einer anderen Gattung an? Und wie verhält es sich mit der Filmreihe „Nightmare on Elm Street", die in dieser Arbeit untersucht werden soll?

„Horror ist eine Gattung der Phantastik, in deren Fiktionen das Unmögliche in einer Welt möglich und real wird, die der unseren weitgehend gleicht, und wo Menschen, die uns ebenfalls gleichen, auf diese Anzeichen der Brüchigkeit ihrer Welt mit Grauen reagieren."[28] Das Horrorgenre ist geprägt durch „phantastische Elemente, [...] die Angst des Zuschauers vor dem Unbekannten und Übermächtigen, dass den physischen oder seelischen Tod bringt oder verkörpert, und in das oftmals verdrängte Schulkomplexe – meist erotischer Art – projiziert werden, [...] eine furchtverstärkende Darstellung der Ereignisse."[29]

Bei dem im Folgenden vorgestellten Ansatz nach Seeßlen und Weil handelt es sich um den psychoanalytischen Ansatz, welcher vorn vielen Theoretikern wie beispielsweise Hans

---

[26] Vgl. Rororo 1984 S. 294 ff.
[27] Klotz 2009 S. 13 f.
[28] Hans D. Baumann: Horror. Die Lust am Grauen. Beltz, Weinheim 1989. S. 109.
[29] Rororo 1984 S.294.

Baumann vertreten wird.[30] Der zweite in der Forschung bestehende ideologiekritische Ansatz wird in dieser Abreit vernachlässigt.

Nach Seeßlen und Weil (1980) muss der Horrorfilm zwei Bedingungen erfüllen. Es muss sich erstens um die Darstellung des Mythos Halbwesen handeln[31] und zweitens müssen die Bedingungen der Phantastik erfüllt sein.[32]

Unter einem Halbwesen werden Geschöpfe verstanden, die einerseits menschlich und andererseits animalisch oder dämonisch sind. Auch das Wesen das halb tot und halb lebendig ist, gehört dazu. Dies ist entscheidend, da sich Menschen insgeheim nach der Kraft und der Freiheit der Halbwesen sehnen. Sie flößen ihm sowohl in der Literatur als auch im Film Angst ein, da sie der Natur widersprechen. Die Furcht ist deswegen entscheidend, da sie notwendig für die Entwicklung des Menschen ist. „Der Mensch ohne Angst wäre ein Wesen, das von dem heutigen Mensch so verschieden wäre wie dieser vom Tier."[33] Sie entsteht wenn Personen nicht mehr Teil ihrer Natur sind. Durch diese Furcht entsteht eine „Vorstellungswelt". Wenn viele Leute unabhängig ihrer Herkunft ähnliche Vorstellungen haben, entsteht daraus ein Mythos.[34] Diesen nutzt das Horrorgenre um ihren gewünschten Effekt des Schreckens zu erzielen. Um den Aspekt des Mythos zu unterstützen, nutzt der Horror häufig religiöse Mittel. Es handelt sich um das Kreuz, geweihtes Wasser und andere Gegenstände, die dazu eingesetzt werden, das Böse fern zu halten. Durch diesen Einsatz werden ihnen totemistische Funktionen zugeschrieben. Dies stammt aus dem Horrorepos, in welchen die Religion über den Mythos siegt. Der Horror nutzt die Tatsache, dass der Mythos erst anerkannt werden muss, also real wird, bevor er besiegt werden kann.[35] Wie bereits aus der Geschichte des Horrors deutlich wurde, finden in diesem Genre immer wieder die gleichen Motive ihren Einsatz. Themen sind beispielsweise „der künstliche Mensch, [...] Wesen die nicht tot und nicht lebendig sind, [...]Tiermenschen, [...] Tiere, die menschliche Züge annehmen, [...][und] der Doppelgänger."[36]

Psychoanalytisch betrachtet entsteht die Angst, die im Mythos ihr zu Hause findet, bereits in der Kindheit. Es ist die Angst vor dem Versagen der Mutter, die den Bedürfnissen des Kindes nicht gerecht werden kann, und die Furcht des Kindes, mit seinen Ängsten allein gelassen zu

---

[30] Vgl. Klotz S. !!!.

[31] Vgl. Seeßlen, Georg und Claudius Weil: Kino des Phantastischen. Geschichte und Mythologie des Horror-Film. Hamburg: Reinbeck 1980. S. 13 ff.

[32] Vgl. Seeßlen und Weil 1980 S. 36 ff.

[33] Seeßlen und Weil 1980 S. 13.

[34] Vgl. Seeßlen und Weil 1980 S. 13.

[35] Vgl. Seeßlen und Weil 1980 S. 19.

[36] Vgl. Seeßlen und Weil 1980 S. 23 ff.

werden. Der Mythos wird zudem oft durch Erziehungsmaßnahmen der Eltern unterstützt, die Sagen und Märchen als Bestrafung und Belohnung des Kindes einsetzen. Im Horror stellt sich dies dadurch da, dass der Mensch von seiner Natur im Stich gelassen wird. Begründet durch die Furcht des Kindes wird, dass der Rezipient gemischte Gefühle gegenüber dem Halbwesen hat, denn er wünscht ihm zum einen die Erlösung, hat aber gleichzeitig Angst vor ihm.[37] Die zweite Voraussetzung für das Horrorgenre ist die Phantastik. Sie stellt den Einbruch des Unheimlichen in die Wirklichkeit ein. Hierbei richtet sich diese Bedingung nach dem maximalistischen Ansatz, welcher die Phantastik als Entstehung des Schreckens in einer realen Welt bezeichnet. Nach Seeßlen und Weil ist ein „Konflikt zwischen Phantasie und Realismus" notwendig.[38] Hier wird eine Parallele zwischen Literatur und Film deutlich. Der Horror muss sich jedoch nicht wie die phantastische Literatur nur vom Märchen und der Science Fiction abgrenzen, sondern auch zu anderen Gattungen. Der reine Horrorfilm muss weiterhin von der Parapsychologie, vom Aberglauben und vom Okkultismus unterschieden werden.[39] Letztere schließt eine rationale Lösung gänzlich aus, da die Glaubensinhalte als real angesehen werden. In der Phantastik muss allerdings eine rationale Erklärung grundsätzlich möglich sein. Vom Aberglauben grenzt sich der Horror wie folgt ab:

> „Wenn man einen dargestellten Mythos ‚Erzählung' nennt, steht die Form des Erzählens im Vordergrund. Nur solange die Technik der Erzählung (auch der bildhafte Erzählung etwa im Film) über das Erzählte selbst triumphiert, lässt sich von Phantastik sprechen. Verkehrt sich dieses Verhältnis, so ist der pure Aberglaube am Werk."[40]

Die Abgrenzung zur Parapsychologie erfolgt dadurch, dass diese sich mit dem Unheimlichen als Wissenschaft beschäftigt und versucht, die Ereignisse aufzuklären. Die Phantastik bewegt sich auf einer emotionalen Ebene, die vor allem durch die ausgelöste Angst geprägt ist.[41] Sie wird dadurch ausgelöst, dass die Geschichte mit den Gefühlen des Zuschauers spielt. Die Ereignisse bewegen sich zunächst auf einer Ebene ohne übernatürlichen Einfluss, doch dann tritt das Halbwesen auf, das bereits vom Rezipient erwartet wurde. Dadurch wird eine Spannung erzeugt. Sie wird dazu genutzt, dem Publikum Hinweise dafür zu geben, das Übernatürliche als glaubhaft anzusehen. Es kommt noch ein weiterer Aspekt hinzu. Das „Spiel mit den Gefühlen"[42] wird nicht nur zur Erzeugung der Spannung genutzt, sondern auch

---

[37] Vgl. Seeßlen und Weil S. 15.
[38] Seeßlen und Weil S. 37.
[39] Vgl. Seeßlen und Weil S. 36 ff.
[40] Seeßlen und Weil S. 36.
[41] Vgl. Seeßlen und Weil S. 37.
[42] Seeßlen und Weil S. 42.

damit eine Identifizierung mit diesem Halbwesen erfolgt. So wird der Zuschauer um die eigene Steuerung seiner Gefühle betrogen. „Auf der Ebene des Phantastischen haben die Gefühle ihre Funktion verloren, stabiler Ausdruck unserer Wünsche zu sein. Die emotionale Hilflosigkeit seines Publikums gehört zu den Spielregeln des Genres."[43] Auch werden erotische Wünsche hierfür missbraucht, weshalb so viele Motive der Erotik im Horror eingesetzt werden. Die Begierden des Rezipienten werden gegen ihn verwendet und lösen ebenfalls Furcht aus. Dieses Gefühlschaos wird am Ende der Geschichte wieder aufgelöst. Die Empfindungen wirken aber nach und erinnern den Zuschauer daran, dass er Zeuge dieser tragischen Geschehnisse geworden ist.[44]

Um eine phantastische Stimmung im Film zu kreieren, reicht der alleinige Einsatz des Halbwesens nicht aus. Es müssen dementsprechend noch andere Elemente einfließen. Häufig werden Ruinen und verlassene Häuser eingesetzt, da sie zum einen den Charakter des Halbwesens unterstreichen, zum anderen eine Aussetzung der geltenden Naturgesetze erlauben. Die gewohnten Machtverhältnisse existieren nicht mehr und die leblosen Dinge erhalten ein Eigenleben, auf das der Mensch keinen Einfluss mehr hat. Auch Vax bezieht sich auf dieses Motiv. Neben diesem Aspekt werden noch weitere in der Bildsprache des Horrors verwendet. Dabei handelt es sich zum Beispiel um Gemälde, Skulpturen und ähnliches, denen eine besondere Bedeutung zugeschrieben wird, oder um den Einsatz bestimmter Farben. Häufig vertreten sind die Farben Schwarz, da sie Tod und Trauer darstellt, und Rot, weil sie sowohl die Farbe des Blutes als auch Symbol für Macht ist.[45] Im Horror stellt Rot außerdem das Leben, die Seele des Menschen, selbst dar. Nach der Freudschen Traumdeutung kann das im Horror verwendete Blut allerdings auch als Symbol für Sperma verstanden werden und müsste somit als erotisches Element interpretiert werden.[46] Psychoanalytisch betrachtet finden sind weitere Merkmalen für Erotik im Horrorfilm. Dazu gehört beispielsweise die Maske des Halbwesens. Je besser diese verarbeitet ist, desto gelungener ist der Horrorfilm. Dies liegt daran, dass die Identifizierung mit dem Monstrum auf die Pubertät zurückgeführt werden kann. Ängste werden, die der junge Mensch hat, werden ausgenutzt, um wunschgemäßes Verhalten zu erzeugen. Im Horrorfilm spiegelt dies durch die Verwendung von langen Zähnen (Vampir), langen Ohren (Werwolf) oder langen Fingern wieder, die ein Symbol für den erigierten Penis darstellen. Weiterhin kann der körperliche Verfall des Halbwesens für diese Theorie benutzt werden, da einige Eltern ihren Kindern vermitteln, dass sie nach ihrer

---

[43] Seeßlen und Weil S. 42.
[44] Vgl. Seeßlen und Weil S. 41f.
[45] Vgl. Seeßlen und Weil S. 38 f.
[46] Vgl. Seeßlen und Weil S. 124.

sexuellen Betätigung Geschlechtskrankheiten und ähnliches bekommen. Durch die Maske werden jedoch die Gedanken und Gefühle der Jugendlichen zur Sexualität legitimiert.[47] Meiner Meinung nach ist fragwürdig inwiefern das letzte Argument tatsächlich noch auf dem heutigen Horrorfilm zutrifft, da wir in einer Zeit leben, in der sexuelle Aufklärung aktiv betrieben wird. Allerdings denke ich auch, dass es Eltern geben mag, die diese Art von Erziehung weiterhin betreiben.

Ein Problem für die oben dargestellte Definition zum Horrorfilm sind die Horrorfilme seit Beginn der 80er Jahre, denn nicht alle enthalten diese phantastischen Elemente. In ihnen hat zunehmend die Gewalt Einzug genommen, woraus die Gattungen der „Slasher-" und der „Splatter-Filme" entstanden sind. Diese sind durch blutige, gewalttätige und erotische Szenen geprägt. Hierzu können Filme wie das „The Texas Chain Saw Massacre" gezählt werden. Für moderne Filme wie „Saw" und „Hostel" schlägt Klotz vor, sie aufgrund ihrer fehlenden phantastischen Elemente dem Genre der Kriminalfilme zuzuordnen.[48] Hättich bietet hier eine meiner Meinung nach geschicktere Lösung. Er unterteilt das Genre der Phantastik nicht nur in Horror, Fantasy und Science Fiction, sondern führt die Phantastik erneut als Subgenre von ihr selbst auf. Dies mag zunächst verwirrend zu sein, ist aber für die moderneren Filme gut geeignet. Der Horror arbeitet seiner Meinung nach mit der Angst vor etwas Konkretem, dass durch bizarres menschliches Verhalten wie beispielsweise bei einem Wahnsinnigen, ausgelöst wird. Es besteht allerdings die Möglichkeit sich vor dem Monstrum zu schützen. Die ausgelöste Angst stellt eine natürliche Angst aus dem Schrecken heraus. Der Horror ist nach Hättichs Ansatz das Unwahrscheinliche, wobei die Phantastik das Unmögliche darstellt, was eine übernatürliche Angst beim Rezipient auslöst. Diese charakterisiert sich zum einen durch das Unbekannte, zum anderen durch das Fehlen einer potenziellen Lösung.[49] Nach diesem Ansatz wäre der nach Seeßlen und Weil definierte Horror hier die Phantastik. Dies macht allerdings meiner Ansicht nach Sinn, denn der Ansatz von Seeßlen und Weil stammt aus den 70er Jahren. Er hat zwar die Ansätze zum Horrorfilm geprägt, kann jedoch den modernen Horrorfilmen nicht mehr genügen. Deutlich wird, dass sich die Experten bis heute über eine Einordnung der modernen Filme nicht einig sind.

---

[47] Vgl. Seeßlen und Weil S. 129.
[48] Klotz 2009 S. 13.
[49] Hättich 2000 S. 8 ff.

3. Nightmare on Elm Street

Im Folgenden wird zunächst erläutert, wie Wes Craven zu der Idee dieses Meisterwerks gelangt ist. Anschließend wird die Filmreihe paraphrasiert und darauf untersucht, ob sie zur Phantastik gehört und durch welche Elemente sie sich auszeichnet. Das Hauptaugenmerk liegt hier auf den Filmen "A Nightmare on Elm Street" und "Wex Craven's New Nightmare".

3.1. Wes Craven

Wes Craven, geboren 1939 in Cleveland, USA, ist in einem sehr religiösen Umfeld aufgewachsen. Er studierte Amerikanistik und Psychologie am Wheaton Collage und machte einen Master in Psychologie an der John Hopkins University. Sein erstes Werk ist „The Searcher", welches er mit Hilfe einiger Studenten gedreht hat. Da er unzufrieden mit der akademischen Welt war, versuchte er bereits im Sommer 1968 in die Filmwelt vorzudringen. Er wollte gerade wieder zu seinem Lehrstuhl zurückkehren, da erhielt er Arbeit bei dem Film „Together" von Sean S. Cunningham. So begann seine Erfolgsgeschichte.[50]

Die Idee zu dem Film „Nightmare on Elm Street" hatte Craven aufgrund einer Reihe von Artikeln der Los Angelos Times. Diese Serie handelte von den schlimmsten Alpträumen („the worst nightmares they had ever had") die einige Menschen je hatten. Einige von ihnen hatten sogar Furcht einzuschlafen, da sie befürchteten zu sterben. Es stellt sich heraus, dass ihre Ängste begründet waren, denn als sie das nächste Mal einschliefen, starben sie. Es gab hierzu keine großen Schlagzeilen. Da es nur wenige Tode in einem Zeitraum von anderthalb Jahren waren, hat niemand einen Zusammenhang zwischen den Toden gesehen. Durch diese Geschichten inspiriert, kam Craven auf die Idee einen Film zu diesem Thema zu drehen. Er war auf diesem Themengebiet bereits durch sein Studium bewandert. Außerdem führte er ein Tagebuch über seine eigenen Träume. Weil er versuchte sich immer an so viel wie möglich aus seinen Träumen zu erinnern, erwarb er die Gabe, seine Träume bewusst steuern zu können.[51]

3.2. A Nightmare in Elm Street

Die "A Nightmare on Elm Street" Reihe besteht zunächst aus sechs Teilen, in denen die Geschichte Freddy Kruegers erzählt wird.

Der erste Teil beginnt in einer amerikanischen Vorstadt, in der ein Mädchen namens Nancy (Heather Langenkamp) von Alpträumen geplagt wird. Ein Mann, dessen Gesicht verbrannt

---

[50] Vgl. Rockoff, Adam: Going to pieces. The rise and fall of the Slasher film, 1978 – 1986. North California: McFarland, 2002. S. 151 f.

[51] Vgl. Ebd. S. 151 ff.

ist, und der an einer Hand einen Handschuh mit vier messerscharfen Klingen trägt, bedroht sie in diesen. Sie versucht sich ihren Eltern anzuvertrauen, jedoch nehmen sie ihre Probleme nicht ernst. Ihre drei Freunde werden allerdings von der gleichen Figur in ihren Alpträumen heimgesucht. Tina (Amanda Wyss) hat sogar solche Angst, dass sie die anderen bittet bei ihr zu übernachten. Nancy und ihr Freund Glen (Jonny Depp) verbringen die Nacht in dem einen, Tina und ihr Freund Rod (Nock Corri) in einem anderen Zimmer. Hier kommt es dazu, dass die beiden sexuell aktiv werden. Kurz daraus wird sie in ihrem Traum von dem Monstrum Freddy Krueger (Robert Englund) umgebracht. Ihr Partner sieht die ganze Szene in der Realität. Er sieht seine Freundin wie sie blutüberströmt über die Wand bis an die Decke gezerrt wird und von dort tot aufs Bett fällt. Der Raum ist voller Blut. Einen Angreifer konnte Rod nicht erkennen. Aus Angst, er könnte für diesen Mord verantwortlich gemacht werden, versucht er zu fliehen, wird jedoch schnell von der Polizei aufgegriffen und ins Gefängnis gebracht. Für alle anderen Protagonisten ist zu diesem Zeitpunkt nicht klar, dass die Gefahr aus dem Traum kommt. Nancy sieht Freddy Krueger zwar in ihren Alpträumen, konnte allerdings bisher den Bezug zwischen ihm und dem Mord nicht belegen. Dies erleichtert ihr Rod, indem er ihr bei ihrem Besuch im Gefängnis erzählt, dass Tina vier lange Schnitte auf dem Oberkörper hatte. Nachmittags schläft Nancy dann in der Badewanne ein. Freddy zieht sie durch das Wasser in ihren Traum, sie kann sich jedoch befreien und wacht auf. Nun wird ihr klar, dass Traum ihr Traum zur Wirklichkeit werden kann und somit eine Bedrohung feststellt. Nun versucht sie sich wach zu halten. Als sie von ihrem Freund Glen besucht wird, nimmt sie sich vor, den Mörder im Schlaf zu suchen. Sie wird in ihrem Traum zu Rod ins Gefängnis geführt. Glen soll wach bleiben und sie bei möglicher Gefahr wecken. Er schläft aber ein und sie werden beide vom Wecker gerettet. Nancy ahnt, dass etwas Schlimmes mit Rod passieren könnte, also eilen beide ins Gefängnis. Doch sie kommen zu spät. Rod ist tot, erhängt mit einem Bettlaken. Da sonst keiner Zutritt zu der Zelle hatte, geht die Polizei von einem Selbstmord aus, doch Nancy ist sich sicher, dass Freddy Krueger dahinter steckt. Sie erzählt ihren Eltern von diesen Begebenheiten, doch sie glauben ihr nicht. Ihre Mutter fährt mit ihr in ein Schlaflabor. Nancy wird hier unter Beobachtung in Schlaf versetzt. Wieder begegnet ihr das Monstrum im Traum. Er greift sie an, was in der Realität durch die Reaktionen der Untersuchungsgeräte deutlich wird und der Doktor weckt sie. Ihr Arm ist voller Schnittwunden und in der Hand hält sie einen Hut, Freddy Kruegers Hut. Da das Mädchen der Mutter keine Ruhe gibt, erzählt diese ihr vom wahren Krueger. Er war ein Bewohner der Elm Street, in der sie auch heute leben, und habe über 20 Kinder ermordet. Als er allerdings von der Justiz verhaftet wurden, musste er kurz darauf aufgrund eines

Verfahrenfehlers frei gelassen werden. Einige Leute, unter anderem auch ihre Eltern, haben ihn aufgespürt und im Heizungskeller verbrannt. Zuvor haben sie ihm seine Kralle weggenommen. Nancys Mutter zeigt ihr diese Waffe, die sie in ihrem Haus versteckt hat. Nancy fasst daraufhin den Beschluss, Freddy Krueger zu vernichten. Da sie es zuvor geschafft hat, Kruegers Hut mit in die Realität zu bringen, will sie nun auch ihn in ihre Welt bringen, um ihn zu töten. Glen soll ihr dabei helfen, kann es jedoch nicht, da seine Eltern ihm den Kontakt zu ihr untersagt haben. So schläft er ein und wird von Freddy getötet. Die Szene ist geprägt durch eine große Blutfontäne, die aus dem Bett strömt. Nun ist Nancy allein. Da sie keinen hat, der mit ihr kooperiert, bittet sie ihren Vater darum, genau in 20 Minuten zu ihr rüber zu kommen. Ihr Vater ist Polizist und beschäftigt sich gerade mit dem Tod von Glen, der auf der anderen Straßenseite wohnt. Nancy baut im Haus einige Fallen auf, um mit Freddy fertig zu werden. Sie schläft ein und bringt Krueger tatsächlich ihn in die Realität. Sie hofft darauf, dass ihr Vater herüber eilen und ihr helfen wird, leider vergeblich. Aufgehalten durch die Fallen, schafft sie es das Monstrum anzuzünden. Er rennt allerdings zur betrunkenen Mutter ins Zimmer und reißt sie mit sich in die Traumwelt. Nancy schafft es allerdings doch, Freddy Krueger zu besiegen, indem sie ihm in ihren nächsten Traum einfach den Rücken zukehrt. Glen hatte ihr erzählt, dass die Balinesen so ihre Dämonen im Schlaf besiegen.

3.2.1. Kommentar zu "A Nightmare on Elm Street"

Nach Wes Cravens originalem Drehbuch wäre der Film hier zu Ende, allerdings hat er Eingeständnisse gegenüber den Produzenten machen müssen, die wahrscheinlich auf eine Fortsetzung spekulierten. Deswegen endet der Film mit der Szene, dass Nancys Mutter wieder lebendig ist und sie morgens zur Tür begleitet. Es ist neblig. Alle ihre zuvor gestorbenen Freunde sitzen im Cabrio und holen sie zur Schule ab. Als sie drin sitzt, schließt sich bei dem plötzlich das Verdeck. Es ist rot- grün gestreift, genau wie Freddy Kruegers Pullover. Auch alle Türen und Fenster schließen sich und das Auto fährt wie von Geisterhand gesteuert davon. Nancys Mutter, die immer noch in der Haustür steht und die Jugendlichen beobachtet wird plötzlich von Freddy gepackt und ins Haus gezerrt.[52]

Wes Craven bezeichnet sein Werk nicht als Horrorfilm, sondern nennt ihn "einen impressionistischen Thriller"[53]. Die Beziehungen der Menschen untereinander stehen hier im Vordergrund, wobei der Schrecken aus den Fehlern in der Kommunikation entsteht. Die Eltern sind nicht in der Lage in das Geschehen einzugreifen, weil sie die Geschehnisse nicht

---

[52] Vgl. A Nightmare on Elm Street. USA 1984. Reggie: Wes Craven. Drehbuch: Wes Craven.

[53] Seeßlen, Georg: A Nightmare on Elm Street. In: Enzyklopädie des phantastischen Films. Hrsg. V. Norbert Stresau. Erweiterungslieferung. Meitinger: Corian-Verlag Wimmer 1988. S. 6.

als real anerkennen. Nancy kann Freddy Krueger besiegen, weil sie sich ihrer Angst stellt und dadurch vernünftiger wirkt als die Erwachsenen. Der Film arbeitet allerdings auch mit den typischen Spezialeffekten der damaligen Horrorfilme, denn auch in ihm kommen Blut und Gewalt vor. Jedoch reduziert sich der Bildstreifen nicht darauf wie beispielsweise "Freitag der 13.", sondern gibt Jugendlichen wie Nancy, die ein bisschen einsamer und ignoranter als andere sind, eine Möglichkeit sich mit der Hauptdarstellerin zu identifizieren. Zur Zielgruppe werden hier Jugendliche, die sich von ihren Eltern im Stich gelassen fühlen. Der Film nimmt dementsprechend auch eine gesellschaftskritische Position ein.

Die Elemente des Horrors werden in "A Nightmare on Elm Street" sparsamen eingesetzt als in anderen Filmen dieses Genres. Dies hängt vermutlich damit zusammen, dass in Wes Craven ein "heimlicher Moralist"[54] vermutet wird. Nicht die Angst, die ausgelöst wird, steht im Mittelpunkt, sondern auch der Umgang mit ihr.[55]

3.3. Fortsetzungen von "A Nightmare on Elm Street"

In den folgenden Teilen der "Nightmare"- Reihe wird die Geschichte von Freddy Krueger, der erneut in den Träumen mordet, auf verschiedene Weisen weitergeführt. Zum Schluss jeden Teils wird das Monstrum besiegt, und in der Fortsetzung wird begründet wie es einen Weg gefunden hat, den Tod zu überwinden. In "Freddys Death: The Final Nightmare" stirbt er endgültig. Die Teile zwei, vier, fünf und sechs sind nicht aus Wes Cravens Feder entsprungen, sondern jeder durch einen neuen Regisseur und Autor. Für den dritten schrieb Craven das Drehbuch.

Der siebte Teil, für den nun wieder Wes Craven verantwortlich ist, ist anders aufgebaut als die vorhergehenden, da er von einer tatsächlich realen Welt ausgeht, in der über die vorherige Filmreihe gesprochen wird.

Im achten Teil lässt der Regisseur das Monster aus den Alpträumen der "Nightmare"- Reihe, Freddy Krueger, gegen Jason Voorhees, den psychopatischen Serienkiller der Filmeserie "Freitag der 13.", antreten.

Der neunte Teil zu diesem Thema ist ein Remake des Originals "A Nightmare on Elm Street". Hier wird die Geschichte durch die moderne Filmtechnik neu aufleben gelassen. Die Effekte sind hier besser gestaltet und auch die Maske des Killers hat sich verändert. Sie ist einen realen Brandopfer angepasst worden, was beispielsweise durch das Fehlen der Ohren auffällt. Allerdings werden in diesem Film viele Szenen eins zu eins aus dem Original übernommen.

---

[54] Ebd. S. 10.
[55] Ebd. S. 1 - 10.

Die Änderungen, die Michael Bay vorgenommen hat, verbessern die Geschichte jedoch nicht. Zum einen wird Freddy Krueger vom Kindermörder zum Kinderschänder. Die jungendlichen Protagonisten sind alle Opfer dieses Monsters, hatten die Geschehnisse verdrängt und nun kommen sie wieder zum Vorschein. Der Erfolg des Films ist allein seinem Namen zuzuschreiben, da die Geschichte von "A Nightmare on Elm Street" viele Anhänger hat.[56]

3.4. Wes Craven's New Nightmare

Dieser Film spielt zehn Jahre nach dem ersten "A Nightmare on Elm Street". Die Schauspielerin Heather Langenkamp, die die Darstellerin Nancy im Original verkörperte, ist nun mit den Spezialeffekte-Techniker Chase Porter verheiratet und hat einen Sohn namens Dylan. Der Film beginnt damit, dass sie anfängt von Freddy Krueger zu träumen. Sie drehen zusammen an einem "Nightmare"- Film. Ihr Mann hat eine neue Kralle entwickelt, die sich selbstständig macht und zwei der Männer am Set tötet. Außerdem schneidet sie Chase an zwei Fingern. Daraufhin wacht sie durch ein Erdbeben auf. Heather stellt als erstes fest, das ihr Mann frische Schnittwunden an zwei Fingern hat, genau wie in ihrem Traum. Im Anschluss fährt Chase zur Arbeit. Als er aus dem Raum verschwunden ist, bilden sich Risse in der Wand, die aussehen wie Freddys Krallen.

Zur gleichen Zeit beginnt wieder ein Mann, der wie Freddy klingt, sie mit obszönen Anrufen zu belästigen. Er verwendet das Lied, dass in allen "Nightmare"- Teilen von den Kindern gesungen wird, um ihr Angst einzuflößen.

An einem Nachmittag hat Heather einen Auftritt in einer Talkshow. Dort trifft sie auf Robert Englund, der in seinem Freddy Kostüm die Zuschauer begeistert. Im Anschluss fährt Heather zur Produktionsgesellschaft New Cinema, wo ihr der Leiter die Hauptrolle im kommenden Nightmare-Film anbietet. Außerdem erfährt sie, dass ihr Mann zu dem Team gehört, dass die Spezialeffekte für diese Fortsetzung vorbereitet. Sie lehnt das Angebot ab. Als sie nach Hause kommt, ist sie beunruhigt über die Ereignisse und bittet ihren Mann, heim zu kommen. Auf dem Weg erleidet dieser einen tödlichen Unfall. Im Leichenschauhaus sieht Heather, dass die Wunden auf der Brust ihres toten Mannes aussehen, als seien sie durch Freddy Kruegers Klingen verursacht worden. Außerdem werden, wie die Schauspielerin aus den Nachrichten erfährt, zwei Arbeitskollegen ihres Mannes tot aufgefunden. Es handelt sich um die beiden, von denen Heather geträumt hat. Auf Chase Beerdigung kommt es wieder zu einem Zwischenfall, in dem Heather Krueger begegnet. Es kommt ein Erdbeben aus und sie sieht

---

[56] Kleingers, David: Dösen mit dem Bösen. In: Spiegel Online Kultur. 19.05.2010. http://www.spiegel.de/kultur/kino/0,1518,695384,00.html [17.01.2011]

Dylan nicht mehr. Heather erblickt, dass der Sarg offen ist, und schaut ins Grab. Dort liegt ihr Sohn am unteren Ende und versucht sich gegen Krueger zu wehren, der ihn in seine Welt ziehen möchte. Sie springt hinein und rettet ihren Jungen. Danach sieht sie, wie ein paar Leute um sie herum knien. Sie ist anscheinend bei der Erderschütterung gestürzt und kurz bewusstlos geworden. Ihr Sohn steht unversehrt neben seiner Babysitterin.

Nach dem Tod seines Vaters weigert sich Dylan nun zu schlafen. Er erzählte zuvor seiner Mutter, dass er Alpträume von Freddy hätte. Er würde nachts unter seinem Bett hervorkommen und versuchen, ihm weh zu tun. Nur sein Stofftier Rex könne ihn vor diesem bösen Mann beschützen. Außerdem erwischt Heather ihren Sohn mehrfach dabei, wie er versucht "A Nightmare on Elm Street" zu schauen. Da er nun nicht mehr schlafen möchte, hysterische Anfälle hat und geistesabwesend ist, bringt die Mutter ihren Sohn ins Krankenhaus, wo er untersucht werden soll. Die vermutete Diagnose der Ärztin ist Schizophrenie.

Aufgewühlt durch die Geschehnisse sucht Heather Wes Craven auf und befragt ihn zu seinem bevorstehenden Projekt. Sie möchte wissen, wie die Geschichte um Freddy Krueger weiter geht. Dieser erzählt ihr, dass er es noch nicht genau wisse, denn er träume von dem toten Kindermörder. Außerdem vertraut er ihr an, dass er denkt, dass Freddy versuche aus der Traumwelt in die Realität überzutreten. Er sei die ganze Zeit über in den Geschichten der "Nightmare"- Filme gefangen gewesen. Da nun keiner gedreht werde, würde er den Weg in die reale Welt suchen. Des Weiteren erzählt er ihr, dass nur sie ihn aufhalten könne. Sie sei eine Art "Türhüterin", da sie die Nancy im ersten Teil gespielt habe. Als sie am Ende ihres Gesprächs angelangt sind, wird eine Nahaufnahme vom Bildschirm, an dem Craven das Drehbuch schreibt, gezeigt. Zu sehen ist das Gespräch, dass Wes und Heather so eben geführt haben. Weiterhin beunruhigend ist, dass Robert Englund, der Darsteller des Freddy Krueger ebenfalls von Alpträumen über den Kindermörder heimgesucht wurde und nun spurlos verschwunden ist.

Nach dem Besuch bei Craven fährt Heather nach Hause und informiert sich über die Symptome ihres Sohnes. Sie findet heraus, dass sein Verhalten ebenfalls durch Schlafentzug ausgelöst weder kann. In dem Moment kommt es erneut zu einem Erdbeben. Freddy Krueger taucht auf und verletzt sie am Unterarm. Im Anschluss fährt die besorgte Mutter zu ihrem Sohn ins Krankenhaus. Zunächst versorgt die Ärztin ihre Wunde und Nancy erzählt ihr, dass sie sich die Verletzung während der Erderschütterung vor 15 Minuten zugezogen habe. Die Medizinerin sagt ihr, dass es kein Erdbeben seit dem Vortag gegeben habe. Weiterhin erfährt die Ärztin während des Gesprächs, dass Dylan weiß, wer mit der Figur Freddy Krueger

gemeint ist. Die Doktorin wirft Heather vor, dass sie ihren Sohn hat diese Horrorfilme gucken lassen, wobei die Schauspielerin versucht ihr zu erläutern, dass jeder wüsste, wer Freddy Krueger sei. Nach dem Gespräch begibt sich die Mutter zu ihren Sohn. Sie setzt sich zu ihm ans Bett. Dylan liegt unter einem Sauerstoffzelt. Plötzlich richtet er sich auf, und spricht ganz seltsam, als sei er besessen von etwas, die Worte: "Too late. I'm almost there, Heather, I'm almost there"[57] und erbricht sich auf sie. Dann sieht sie Dylans Ärztin mit ihrem Team, die zur Hilfe geeilt ist. Die Doktorin will das Böse aus dem Kind holen und setzt dazu an, mit der bloßen Hand diese Tat zu vollziehen. Heather gerät in Panik und stürzt sich Eine Krankenschwester kommt und Heather schreit sie an, wo ihr Sohn sei. Sie ruft, dass bestimmt Freddy ihren Sohn geholt habe. Die behandelnde Ärztin ist davon überzeugt zu sein, dass Heather geistesgestört ist und ihren Sohn aus diesem Grund nicht schlafen lässt. Dylan geht es soweit gut. Er ist für weitere Tests auf eine andere Station verlegt worden. Seine Babysitterin ist auch bei ihm. Als Heather zu ihm stößt, sagt Heather ihnen, dass Dylan auf keinen Fall schlafen dürfe. Sie würde nach Hause fahren und Rex, sein Stofftier, durch welches sich ihr Sohn beschützt fühlt, holt. Als sie aus dem Raum tritt, tauchen zwei Schwestern auf. Eine versetzt dem Jungen ein Schlafmittel, woraufhin dieser einschläft. Nun taucht Freddy Krueger auf und tötet die Babysitterin. Der Kampf zieht sich über die Wand bis an die Decke. Die Flächen sind blutverschmiert. Als Heather in den Raum kommt und das Mädchen tot auf dem Boden sieht, stellt sie fest, dass verschwunden ist. Sie fährt los um ihn zu suchen. Unterwegs ruft sie einen Schauspielkollegen an, und bittet ihn um seine Hilfe bei der Suche. Es handelt sich hierbei um den Darsteller, der ihren Vater in "A Nightmare on Elm Street" gespielt hat. Am Freeway sieht sie ihren Sohn, der versucht über die Straße zu gehen. Sie rennt ihm nach und wird angefahren. Am Himmel sieht Dylan Freddy Krueger, der ihn jagt. Der Junge ist auf dem Weg nach Hause. Heather bleibt bei dem Unfall undverletzt und rennt weiter Heim. Dort trifft sie auf ihren Kollegen, der ihr sagt, dass es Dylan gut gehe. Außerdem nennt er sie Nancy und hat eine Polizeimarke wie im Original. Im Haus kann Heather Dylan jedoch nicht finden. Sie stößt allerdings eine gelbe Pille auf der Treppe und folgt dieser Spur. Der Junge hat sie nach dem Vorbild aus seinem Lieblingsmärchen Hänsel und Gretel gelegt. Heather nimmt die Tabletten und kriecht unter seine Bettdecke, wo sie den Weg in die Traumwelt entdeckt. Dort trifft sie auf Freddy Krueger. In dieser Welt stößt sie außerdem auf das Drehbuch zu dem geplanten Film. Es endet in dem Moment, in dem sie sich gerade befindet. Im Anschluss besiegen Dylan und Heather Freddy Krueger gemeinsam, indem sie ihn im

---

[57] Wes Craven: A Nightmare on Elm Street 7: The Ascension. New Line Cinema 1994.
[http://nightmareonelmstreetfilms.com/Files/wes_cravens_new_nightmare_script.pdf] [17.01.2010]

9 783656 096467